Commentaire

Par Natacha Cerf

Pensées

Fragments 301-337 : la raison des effets

Pascal

lePetitPhilosophe.fr

PASCAL

- **Né en 1623 à Clermont-Ferrand**
- **Décédé en 1662 à Paris**
- **Quelques-unes de ses œuvres :**
  - *Les Provinciales* (correspondances, 1656-1657)
  - *De l'esprit géométrique et de l'art de persuader* (1658)
  - *Pensées* (1670)

Blaise Pascal est **un homme de lettres, un scientifique et un théologien**. Dès son plus jeune âge, il se distingue par une intelligence hors normes. Adolescent, il compose un traité des sons, puis un essai sur les coniques et, à l'âge de dix-neuf ans, il invente la machine arithmétique à calculer. En 1654, Pascal est victime d'un accident de carrosse qui lui fait prendre **conscience de la fragilité de la vie**. L'incident marque le début de ses préoccupations religieuses. Son idéal chrétien le fait renoncer aux sciences : il se consacre alors à la **réflexion philosophique et religieuse**, et rédige *Les Provinciales*, dix-huit lettres de défense des thèses jansénistes.

Blaise Pascal a grandement influencé la méthode scientifique, les théories économiques et les sciences sociales. Il décède de maladie sans avoir vu publier les *Pensées*, son œuvre majeure.

PENSÉES

L'ŒUVRE D'UN MORALISTE ET D'UN THÉOLOGIEN

Œuvre posthume de Pascal publiée en 1670, les *Pensées* sont **rassemblées après sa mort**. Le texte répond à une volonté de démontrer que **l'homme ne peut trouver la paix intérieure et le bonheur véritable qu'en acceptant d'être touché par la grâce de Dieu**. L'homme sans Dieu est misérable et fini alors que Dieu est toute-puissance et infini.

La politique, l'homme et le souverain Bien sont les grands thèmes abordés dans l'œuvre par le philosophe théologien. Les échos pascaliens dans la modernité sont nombreux et l'actualité de ses réflexions permanente.

MISE EN CONTEXTE

LA NAISSANCE DE LA FOI

Dans la famille de Pascal, tout le monde est croyant, d'une foi sincère, mais tiède. Ce n'est qu'en **1646** que Pascal vit sa « **première conversion** » lorsque les frères Deschamps, appelés au chevet de son père pour sa jambe démise, transmettent à la famille **l'idéologie augustinienne**. Sa sœur Jacqueline entre alors en 1652 à la communauté religieuse de Port-Royal, qui applique la pensée de saint Augustin (354-430) dans sa version la plus sévère et la plus intransigeante : les clercs, théologiens, savants et laïcs que le couvent abrite mènent une vie extrêmement simple et austère.

La « **seconde conversion** » de Pascal survient une nuit de **1654** après un coma dû à un **accident de calèche**. À son réveil, le savant décrit une **expérience mystique**. Pascal clame avec passion sa foi nouvelle et se consacre définitivement à la religion. Il se rend quelque temps à Port-Royal, dont il embrasse la cause, bien qu'il n'ait jamais officiellement été membre de la communauté. C'est à cette époque qu'il commence à travailler à son **grand projet d'*Apologie de la religion chrétienne***.

BON À SAVOIR

L'abbaye de **Port-Royal** fut le foyer du **jansénisme**, une doctrine catholique inspirée de saint Augustin et issue des travaux du théologien hollandais Jansénius (1585-

1638). Celui-ci restaure la toute-puissance de Dieu, ainsi que les théories de la grâce et de la prédestination de l'homme. Ce courant suscita de violentes querelles théologiques durant tout le XVIIe siècle et fut l'objet d'une répression implacable de la part de l'autorité royale.

LA NAISSANCE DE L'ŒUVRE

Pascal n'a jamais écrit un livre s'intitulant **Pensées**. Ce sont les éditeurs qui ont présenté les brouillons épars que l'auteur a laissés sous la forme d'une œuvre complète en grande partie constituée des **documents préparatoires à la rédaction de l'*Apologie de la religion chrétienne***. Cette œuvre nouvelle construite sur les ruines de l'*Apologie* est donc autant de leur main que de celle de Pascal. D'après les éditeurs, le théologien annonçait lui-même une volonté de présentation délibérément discontinue sous la forme d'un recueil de maximes. Cependant, il n'est pas exclu que cette annonce soit en réalité celle des éditeurs.

Pascal a hâtivement griffonné ses idées sur des feuillets pour échapper à la fugacité de ses pensées en les figeant. Les *Pensées* témoignent donc d'une **écriture de l'urgence, symptôme du drame humain qu'est l'horrible écoulement du temps et des choses**. Ce recours au « bloc-notes » explique le caractère télégraphique de l'œuvre. Ce n'est encore qu'une esquisse, une promesse de discours.

Les proches de l'écrivain ont découvert à sa mort des dossiers emplis de feuillets et cousus par un fil. Des thèmes ont pu en être dégagés sans pour autant qu'on puisse conclure aux parties effectives d'un plan envisagé : peut-être n'était-ce là qu'une méthode de classement personnel. L'entourage de Pascal a **d'abord** décidé de **recopier les liasses à l'identique**, mais, en un siècle où l'on n'avait que dédain pour les formes décousues, le texte était impubliable tel quel. En **1670**, la décision d'une **édition sélective et corrigée** a donc été prise : l'édition de Port-Royal, une version trop épurée qui escamote la syntaxe si personnelle de l'écrivain, son audace, de même que certains passages clés de son argumentation. Au **XIXᵉ siècle**, une **édition enfin intégrale des Pensées** a été réclamée. Néanmoins, bien qu'exhaustives, les éditions modernes restent des interprétations personnelles des éditeurs sur la reconstitution de l'ordre des fragments. Les *Pensées* est donc **une œuvre incertaine, mouvante et malléable** qui ne peut plus être que coulée dans le moule de ses interprètes.

L'AUGUSTINISME

L'influence du philosophe et théologien chrétien **saint Augustin** sur l'œuvre de Pascal est grande. Celui-ci reprend de l'évêque une grande partie de sa **conception noire et tragique de la religion** :

- le péché originel est la racine de la corruption irréversible du genre humain ;
- l'homme est en effet conçu comme un pantin manipulé par les trois sortes de concupiscence : curiosité, orgueil et luxure ;

- la morale augustinienne préconise alors le seul souci de Dieu contre les vanités de la science, une humilité profonde contre l'aspiration au pouvoir et l'abstinence absolue comme remède aux tentations de la chair ;
- la vraie certitude se trouve dans la foi et non dans la raison.

Pascal ne dit pas autre chose. Il défend un christianisme coulé dans la terreur et dans la restriction qui n'assure le salut qu'à très peu d'individus élus par la grâce divine. La prédestination de l'homme est tragique : en effet, peu importent ses actes, il ne maitrise pas son devenir.

TEXTE

Fragment 301

Pourquoi suit-on la pluralité ? est-ce à cause qu'ils ont plus de raison ? non, mais plus de force.

Pourquoi suit-on les anciennes lois et anciennes opinions ? est-ce qu'elles sont les plus saines ? non, mais elles sont uniques, et nous ôtent la racine de la diversité.

Fragment 308

La coutume de voir les rois accompagnés de gardes, de tambours, d'officiers, et de toutes les choses qui ploient la machine vers le respect et la terreur, fait que leur visage, quand il est quelquefois seul et sans ses accompagnements, imprime dans leurs sujets le respect et la terreur, parce qu'on ne sépare point dans la pensée leurs personnes d'avec leurs suites, qu'on y voit d'ordinaire jointes. Et le monde, qui ne sait pas que cet effet vient de cette coutume, croit qu'il vient d'une force naturelle ; et de là viennent ces mots : « Le caractère de la Divinité est empreint sur son visage, etc. »

Fragment 311

L'empire fondé sur l'opinion et l'imagination règne quelque temps, et cet empire est doux et volontaire ; celui de la force règne toujours. Ainsi l'opinion est comme la reine du monde, mais la force en est le tyran.

Fragment 313

Opinions du peuple saines. — Le plus grand des maux est les guerres civiles. Elles sont sûres, si on veut récompenser les mérites, car tous diront qu'ils méritent. Le mal à craindre d'un sot, qui succède par droit de naissance, n'est si grand, ni si sûr.

Fragment 315

Raison des effets. — Cela est admirable : on ne veut pas que j'honore un homme vêtu de brocatelle et suivi de sept ou huit laquais. Eh quoi ! Il me fera donner des étrivières, si je ne le salue. Cet habit, c'est une force. C'est bien de même qu'un cheval bien enharnaché à l'égard d'un autre ! Montaigne est plaisant de ne pas voir quelle différence il y a, et d'en demander la raison. « De vrai, dit-il, d'où vient, etc. »

Fragment 319

Que l'on a bien fait de distinguer les hommes par l'extérieur, plutôt que par les qualités intérieures ! Qui passera de nous deux ? qui cèdera la place à l'autre ? Le moins habile ? mais je suis aussi habile que lui, il faudra se battre pour cela. Il a quatre laquais, et je n'en ai qu'un : cela est visible ; il n'y a qu'à compter ; c'est à moi à céder, et je suis un sot si je le conteste. Nous voilà en paix par ce moyen ; ce qui est le plus grand des biens.

Fragment 320

Les choses du monde les plus déraisonnables deviennent les plus raisonnables à cause du dérèglement des hommes.

Qu'y a-t-il de moins raisonnable que de choisir, pour gouverner un État, le premier fils d'une reine ? On ne choisit pas pour gouverner un vaisseau celui des voyageurs qui est de la meilleure maison.

Cette loi serait ridicule et injuste ; mais parce qu'ils le sont et le seront toujours, elle devient raisonnable et juste, car qui choisira-t-on, le plus vertueux et le plus habile ?

Nous voilà incontinent aux mains, chacun prétend être ce plus vertueux et ce plus habile. Attachons donc cette qualité à quelque chose d'incontestable. C'est le fils aîné du fils ; cela est net, il n'y a point de dispute. La raison ne peut mieux faire, car la guerre civile est le plus grand des maux.

Fragment 324

Le peuple a les opinions très saines : par exemple :

1° D'avoir choisi le divertissement et la chasse plutôt que la prise. Les demi-savants s'en moquent, et triomphent à montrer là-dessus la folie du monde ; mais, par une raison qu'ils ne pénètrent pas, on a raison ;

2° D'avoir distingué les hommes par le dehors, comme par la noblesse ou le bien. Le monde triomphe encore à montrer combien cela est déraisonnable ; mais cela est très raisonnable (cannibales se rient d'un enfant roi) ;

3° De s'offenser pour avoir reçu un soufflet, ou de tant désirer la gloire. Mais cela est très souhaitable, à cause des autres biens essentiels qui y sont joints ; et un homme qui a reçu un soufflet sans s'en ressentir est accablé d'injures et de nécessités ;

4° Travailler pour l'incertain ; aller sur la mer ; passer sur une planche.

Fragment 325

Montaigne a tort : la coutume ne doit être suivie que parce qu'elle est coutume, et non parce qu'elle est raisonnable ou juste ; mais le peuple la suit par cette seule raison qu'il la croit juste. Sinon, il ne la suivrait plus quoiqu'elle fût coutume ; car on ne veut être assujetti qu'à la raison ou à la justice. La coutume, sans cela, passerait pour tyrannie ; mais l'empire de la raison et de la justice n'est non plus tyrannique que celui de la délectation : ce sont les principes naturels à l'homme.

Il serait donc bon qu'on obéît aux lois et coutumes parce qu'elles sont lois ; qu'il sût qu'il n'y en a aucune vraie et juste à introduire, que nous n'y connaissons rien, et qu'ainsi il faut seulement suivre les reçues : par ce moyen, on ne les quitterait jamais. Mais le peuple n'est pas susceptible de cette doctrine ; et ainsi, comme il croit que la vérité se peut trouver, et qu'elle est dans les lois et coutumes, il les croit, et prend leur antiquité comme une preuve de leur vérité (et non de leur seule autorité sans vérité). Ainsi il y obéit ; mais il est sujet à se révolter dès qu'on lui montre qu'elles ne valent rien ; ce qui se peut faire voir de toutes, en les regardant d'un certain côté.

Fragment 326

Injustice. — Il est dangereux de dire au peuple que les lois ne sont pas justes, car il n'y obéit qu'à cause qu'il les croit justes. C'est pourquoi il lui faut dire en même temps qu'il y faut obéir parce qu'elles sont lois, comme il faut obéir aux supérieurs, non pas parce qu'ils sont justes, mais parce qu'ils sont supérieurs. Par là, voilà toute sédition prévenue si on peut faire entendre cela, et [ce] que [c'est] proprement que la définition de la justice.

Fragment 327

Le monde juge bien des choses, car il est dans l'ignorance naturelle, qui est le vrai siège de l'homme. Les sciences ont deux extrémités qui se touchent. La première est la pure ignorance naturelle où se trouvent tous les hommes en naissant. L'autre extrémité est celle où arrivent les grandes âmes, qui, ayant parcouru tout ce que les hommes peuvent savoir, trouvent qu'ils ne savent rien, et se rencontrent en cette même ignorance d'où ils étaient partis ; mais c'est une ignorance savante qui se connaît. Ceux d'entre-deux, qui sont sortis de l'ignorance naturelle, et n'ont pu arriver à l'autre, ont quelque teinture de cette science suffisante, et font les entendus.

Ceux-là troublent le monde, et jugent mal de tout. Le peuple et les habiles composent le train du monde ; ceux-là le méprisent et sont méprisés. Ils jugent mal de toutes choses, et le monde en juge bien.

Fragment 328

Raison des effets. — Renversement continuel du pour au contre.

Nous avons donc montré que l'homme est vain, par l'estime qu'il fait des choses qui ne sont point essentielles ; et toutes ces opinions sont détruites.

Nous avons montré ensuite que toutes ces opinions sont très saines, et qu'ainsi, toutes ces vanités étant très bien fondées, le peuple n'est pas si vain qu'on dit ; et ainsi nous avons détruit l'opinion qui détruisait celle du peuple.

Mais il faut détruire maintenant cette dernière proposition, et montrer qu'il demeure toujours vrai que le peuple est vain, quoique ses opinions soient saines : parce qu'il n'en sent pas la vérité où elle est, et que la mettant où elle n'est pas, ses opinions sont toujours très fausses et très malsaines.

Fragment 335

Raison des effets. — Il est donc vrai de dire que tout le monde est dans l'illusion : car, encore que les opinions du peuple soient saines, elles ne le sont pas dans sa tête, car il pense que la vérité est où elle n'est pas. La vérité est bien dans leurs opinions, mais non pas au point où ils se figurent. [*Ainsi*], il est vrai qu'il faut honorer les gentilshommes, mais non pas parce que la naissance est un avantage effectif, etc.

Fragment 336

Raison des effets. — Il faut avoir une pensée de derrière, et juger de tout par là, en parlant cependant comme le peuple.

Fragment 337

Raison des effets. — Gradation. Le peuple honore les

personnes de grande naissance. Les demi-habiles les méprisent, disant que la naissance n'est pas un avantage de
la personne, mais du hasard. Les habiles les honorent, non
par la pensée du peuple, mais par la pensée de derrière. Les
dévots qui ont plus de zèle que de science les méprisent,
malgré cette considération qui les fait honorer par les
habiles, parce qu'ils en jugent par une nouvelle lumière que
la piété leur donne. Mais les chrétiens parfaits les honorent
par une autre lumière supérieure. Ainsi se vont les opinions
succédant du pour au contre, selon qu'on a de lumière.

PASCAL (Blaise), *Pensées*, Paris, France Loisirs, coll. « Les
grands écrivains choisis par l'Académie Goncourt », 1986.

EXPLICATION ET ANALYSE DU TEXTE

LA RAISON DES EFFETS

L'expression pascalienne a trait au registre des sciences (pour rappel, Pascal était physicien, mathématicien et inventeur de génie). Elle exprime l'idée que **tout phénomène est l'effet d'une cause**. Les phénomènes observables ne peuvent donc être rendus intelligibles qu'en en décelant les causes.

Il va de même en ce qui concerne le registre humain : **Pascal recherche les justifications, les raisons et les principes des actes humains pour les comprendre**. Les effets sont visibles, ce sont ici les actes des hommes. Quant à la cause, il s'agit de la raison qui pousse à l'acte.

Par exemple, Pascal cherche à savoir pourquoi les hommes du peuple passent leur temps à se divertir en chassant des lièvres qui, si on les leur offrait sur un plateau, ne les intéresseraient plus. Ou pourquoi ils honorent de grands hommes qu'ils cesseraient de vénérer s'ils savaient qu'ils ne sont là que par convention. Ceux qui pensent que ce comportement n'est que folie ont tort, selon lui : ils se croient savants, supérieurs au peuple en ce qu'ils ne partagent par l'opinion commune, mais en réalité ils n'ont qu'une demi-science parce qu'ils ne comprennent rien à la raison pour laquelle le peuple a cette opinion, et c'est là la pire des choses. Cependant, si les opinions populaires sont saines, elles ne sont pas pour autant vraies :

Mais il faut détruire maintenant cette dernière proposition, et montrer qu'il demeure toujours vrai que le peuple est vain, quoique ses opinions soient saines : parce qu'il n'en sent pas la vérité où elle est, et que la mettant où elle n'est pas, ses opinions sont toujours très fausses et très mal-saines. (Fragment 328)

LES DIFFÉRENTES CATÉGORIES DE PERSONNES

Chacun peut être caractérisé par un degré de lumière différent : Pascal distingue ainsi le peuple, les demi-habiles, les habiles, les dévots et les chrétiens. Le plus ignorant est le peuple, les plus lumineux (donc les moins ignorants) sont parmi les habiles et les chrétiens. Telles sont les deux extrémités.

Le peuple

Le peuple est dans une **ignorance naturelle**. Précisons que l'ignorance est, pour Pascal, **constitutive de la finitude de l'homme et signe de la corruption de la nature humaine** par le péché originel. L'homme ne peut donc en sortir par les seules forces de la raison. Ainsi, le savoir absolu demeure inaccessible, même pour les grandes âmes. En fait, plus on avance dans le savoir, plus la seule conclusion qu'on puisse tirer est qu'on ne sait pas. Les hommes ont une idée de la vérité et de la justice qui leur permet de crier à l'erreur ou à l'injustice, mais leur connaissance est négative : ils savent ce que la vérité et la justice ne sont pas, mais ils ignorent ce qu'elles sont. Le peuple n'a quant à lui **même pas conscience de son ignorance** : son ignorance s'ignore.

Dans les *Pensées*, Pascal ne manque pas de fustiger la vanité, la concupiscence et la médiocrité des hommes, le caractère branlant des lois, la force des coutumes, etc. Mais il change de perspective en partant à la recherche de « la raison des effets ». Au sujet de la grandeur toute extérieure, il abandonne l'ironie et **ne se moque plus des vains divertissements et des grandeurs de façade**, comme il l'a fait précédemment, puisque **leur raison d'être est sage** :

> Raison des effets. — Cela est admirable : on ne veut pas que j'honore un homme vêtu de brocatelle et suivi de sept ou huit laquais. Eh quoi ! Il me fera donner des étrivières, si je ne le salue. Cet habit, c'est une force. (Fragment 315)

Les laquais sont la preuve de la grandeur de l'homme – certes d'une grandeur qui n'est que façade : ils lui permettent de se faire respecter et finissent par fonder solidement son statut. Mais Pascal ne critique plus cela parce que même si la grandeur est uniquement extérieure, il est utile que le peuple croie en cette grandeur pour la conservation de la paix :

La coutume de voir les rois accompagnés de gardes, de tambours, d'officiers, et de toutes les choses qui ploient la machine vers le respect et la terreur, fait que leur visage, quand il est quelquefois seul et sans ses accompagnements, imprime dans leurs sujets le respect et la terreur, parce qu'on ne sépare point dans la pensée leurs personnes d'avec leurs suites, qu'on y voit d'ordinaire jointes. Et le monde, qui ne sait pas que cet effet vient de cette coutume, croit qu'il vient d'une force naturelle ; et de là viennent ces mots : « Le caractère de la Divinité est empreint sur son visage, etc. »

(Fragment 308)

Les manifestations extérieures de respect sont le signe d'une soumission à l'égard de celui qui en bénéficie. Elles permettent de reconnaitre les grands sans que quiconque puisse le contester. Ainsi, **la coutume, en écartant la contestation, assure la paix** :

Les normes sont établies par la justice, mais la justice est un attribut de la force. Telle est la condition de la paix puisque la force est incontestable, contrairement à la justice est : on ne peut se mettre d'accord sur la justice car elle est indéfinissable ; il est donc positif qu'elle soit mise entre les mains de la force. Lorsque ce qui est fort est identifié à ce qui est juste, la société peut être organisée. En somme, quand la réalité de la force s'identifie à l'imaginaire de la justice, la paix est rendue possible.

Il ne faut pas pour autant en conclure que Pascal est un fervent adepte de la tyrannie et du pouvoir absolu. En effet, il identifie la force à la majorité comme c'est le cas en démocratie :

> elles sont uniques, et nous ôtent la racine de la diversité.
> (Fragment 301)

Cela pour couper court à la contestation.

Le peuple fait donc preuve de sagesse en respectant les hiérarchies sociales qui permettent au monde de demeurer en paix. De même, il se montre raisonnable en cherchant le divertissement, sans quoi l'homme sombrerait dans le désespoir absolu.

Les demi-habiles et les habiles

Les savants ou **les habiles** jouissent d'une **ignorance consciente** : c'est l'ignorance savante. Ils savent que les grandeurs sont établies et non naturelles, qu'on les honore par convention et que c'est nécessaire pour maintenir l'ordre. Ils sont cependant **athées**.

Quant aux **demi-habiles**, ils **dénoncent le caractère déraisonnable des opinions du peuple, mais ne voient pas que le peuple est raisonnable dans sa déraison même**, ils ne perçoivent pas sa sagesse :

- ils condamnent la vanité des divertissements humains sans comprendre que sans lui les hommes tomberaient dans l'ennui et le désespoir absolu ;
- ils blâment le fondement des hiérarchies sociales sans prendre conscience que, fondées illusoirement en nature ou pas, elles garantissent la paix sociale.

Tout comme les habiles, **ils ont connaissance du caractère conventionnel de l'ordre social** dont le respect n'est pas fondé en nature, mais artificiellement. Seulement, contrairement aux habiles, **ils ne connaissent pas la nécessité de la civilité**. Les demi-habiles se targuent donc d'une science qu'ils n'ont pas.

Les opinions du peuple sont donc vraies et saines en ce qu'elles lui permettent de ne pas sombrer dans le désespoir absolu en se divertissant et de maintenir la paix dans l'ordre social, mais elles sont fausses et malsaines en ce que le peuple n'a pas conscience que son salut n'est pas dans la chasse et que les grandeurs établies ne méritent pas l'estime des grandeurs naturelles. Il a raison sur le plan existentiel, sur le plan de l'utilité (puisqu'il est utile pour le maintien de l'ordre social de croire que les grandeurs établies méritent le respect), mais il a tort sur le plan théorique parce que le lièvre ne lui apportera pas le bonheur auquel il aspire et parce que les rois ne sont pas supérieurs à lui par la loi de la nature. Cependant les effets de son aveuglement sont sages alors que les demi-habiles ont trop peu de science pour ne pas troubler l'ordre du monde. S'ils parviennent à déceler les préjugés, ils sont donc moins raisonnables que le peuple.

Le dévot et le chrétien

Le dévot méprise quant à lui les opinions du peuple et a été **éclairé par la lumière de Dieu**, mais son problème selon Pascal est qu'**il croit qu'il est possible de créer une cité de Dieu sur la terre** (il croit à un salut dans l'ordre politique), alors que ce n'est possible que dans l'au-delà.

Enfin, **le chrétien a conscience du péché de l'humaine nature et sait que cela rend impossible l'instauration**

d'un royaume de Dieu sur terre. Sans le secours de la grâce divine, l'homme est inapte à être sauvé. Il comprend l'hétérogénéité des ordres (ordre des corps, ordre des esprits, ordre de la charité), leur nécessité et leur hiérarchie.

CONCLUSION

En somme, Pascal distingue différents degrés d'ignorance chez l'homme :

- le peuple honore les personnes de grande naissance parce qu'il les pense vraiment honorables et se divertit parce qu'il juge que cela lui apportera le bonheur véritable ;
- les demi-habiles méprisent le peuple en montrant que la haute naissance n'est pas un avantage, mais un hasard et mettent ainsi en danger la paix maintenue grâce à l'ordre établi ;
- les habiles honorent les rois et autres grandeurs, non en ce qu'ils sont vraiment respectables, mais parce qu'ils sont constitutifs d'un ordre établi qui maintient la paix – ils savent de toute façon que n'importe quel autre ordre serait tout autant arbitraire ;
- les dévots méprisent le peuple et les personnes de haute naissance parce qu'ils ont la piété (cette lumière leur montre l'égalité des hommes devant Dieu et l'impossibilité de concilier grandeurs terrestres avec grandeurs de la charité) et ils pensent pouvoir être sauvés sur terre grâce à Dieu ;
- les chrétiens jouissent d'une lumière encore supérieure qui fait qu'ils honorent les grands, et comprennent que la cité terrestre ne peut être comparée avec la cité de Dieu et que le péché originel impose aux hommes de se plier en guise de pénitence à l'ordre du monde, sans pour autant y participer.

POUR ALLER PLUS LOIN

- PASCAL (Blaise), *Pensées*, Paris, France loisirs, coll. « Les grands écrivains choisis par l'Académie Goncourt », 1986.

Rendez-vous sur lepetitphilosophe.fr et découvrez :

Plus de 1200 analyses
Claires et synthétiques
Téléchargeables en 30 secondes
À imprimer chez soi

ISBN version numérique : 978-2-8062-4569-4
ISBN version papier : 978-2-8080-0138-0
Dépôt légal : D/2017/12603/522

Conception numérique : Primento,
le partenaire numérique des éditeurs.